W0313767

BERNHARD VOGEL
Aquarelle

BERNHARD VOGEL

VENEZIA—SALZBURG—NEW YORK

Aquarelle

Text
Wolfgang Richter

Akademische Druck- u. Verlagsanstalt, Graz/Austria

BEGEGNUNG

Vor einigen Jahren erschien ein für mich damals unbekannter Salzburger Aquarellist, um einige Blätter vorzulegen. Mein erster Eindruck war ein Künstler mit empfindsamster Handschrift, der sich sehr behutsam an den Zauber des Aquarells herantastet. Seine Ehrfurcht vor diesem Erlebnis und der Hang zur lichtdurchfluteten, ins pastellhaft gehenden lyrischen Sensibilität beeindruckte mich, und es begann eine intensive Epoche, in der ich Bernhard Vogel in erster Linie bestärken konnte, aus sich herauszugehen und seine starken Empfindungen, die mir so wesentlich für sein Werk erscheinen, mit den »einfachen Mitteln« des Aquarellisten auszudrücken.

In den Jahren meiner Galeristentätigkeit ist mir eine Entwicklung, wie sie Vogel fast explosionsartig beeindruckend gezeigt hat, noch nicht untergekommen. Ich habe mich oft nach unseren Gesprächen über neue Aquarelle gefragt, wo diese Kraft für seine extreme Entwicklungsfähigkeit steckt. Sensibilität gepaart mit Intelligenz und Fleiß ist eine der Erklärungen, die Vogel über andere Aquarellisten hebt. Dazu ein getränkter Salzburger Aquarellboden, der in seiner Entwicklung einzigartig ist und immer wieder die Suche nach dem Licht, dieses zu erkennen und einzufangen. Dazu eine Freude des Süchtigen, der einmal das Blut des Aquarells geleckt hat, ständig weiterzusuchen und neue Techniken zu entwickeln, die jeder als seine eigenen Geheimnisse hütet. Diese kann man nicht nur in Seminaren lernen, jedes Papier hat seine eigenen Gesetze, differenzierteste Vorgänge, um Farbpartikelchen abzubinden und kontrastierende Strukturen erscheinen zu lassen. Auch wenn ein Aquarellist ein Meister auf seinem Gebiet ist, der ständige weitere Lernprozeß, die immer auftretenden neuen Erkenntnisse und — was kann es Schöneres und Aufregenderes geben — die neuen Möglichkeiten und Ergebnisse machen ihn zu einem dienenden Teil dieser so »banalen Wasserfarbenmalerei«. Das Dreigestirn Wasser, Farbe und Papier ist wahrlich die Kunst, die aus dem Wasser kommt, birgt somit in jedem Augenblick des Schaffensprozesses das Geheimnis dieses wässrigen Elements in sich.

So hat auch der Aquarellist Bernhard Vogel heute seine persönliche Handschrift erreicht und muß zu den vielversprechendsten österreichischen Künstlern auf diesem Gebiet eingeordnet werden. Wenn die Entwicklung nur annähernd so weitergeht wie bisher, und davon bin ich fest überzeugt, dann ist Vogel in kurzer Zeit zu den wichtigsten, und unsere Aquarellszene ist wahrlich nicht unterbesetzt, Aquarellisten einzuordnen, das zeigt sich auch bereits aus der ständig steigenden Nachfrage nach seinen Aquarellen. Daß Vogel aber diesem Druck des Kunsthandels und der Sammler gewachsen ist, bestätigt sein stetiger enormer Arbeitsprozeß und — was mir besonders wichtig erscheint — sein Fleiß und die trotz des Erfolgs gebliebene Bescheidenheit.

Nur wenn sich ein Künstler ständig dessen bewußt ist, daß seine Begabung ein Geschenk ist, das man behutsam und mit Maßen nutzen darf und die Ehrfurcht vor dem Schaffensprozeß ein Bestandteil des Werkes wird, dann wird der schöpferische Akt zu einem Teil seiner Botschaft an die Mitwelt.
So wünsche ich uns beiden, auch den weiteren Weg gemeinsam und so fruchtbar wie bisher beschreiten zu können.

Siegfried Karrer

LOSLASSEN UND ZULASSEN

Gedanken zu den Bildern von Bernhard Vogel
Wolfgang Richter

Wenn einen die Leidenschaft überfällt, beginnt ein Weg der Herausforderung. Die Technik des Aquarells ist in diesem Zusammenhang kein unverfängliches Medium. Sie erfordert vom Maler kundige Sicherheit im Umgang mit dem Malmaterial, Entschlossenheit und Zurückhaltung für den rechten Augenblick im Los- und Zulassen, Disziplin beim Einsatz des Machbaren im Hinblick auf Aufwand und Wirkung. Nur wer auf Dauer Unnachgiebigkeit gegenüber den Wünschen eines Publikums, das Gefälligkeit und Effekte honoriert, entwickelt und wer sich selbst nicht zu verleugnen bereit ist, der verfügt über grundlegende Voraussetzungen für einen Aquarellisten mit Rückgrat.

Bernhard Vogel hat 1984 über Irma Rafaela Toledo zum Aquarell gefunden. Seit 1986 setzt er sich damit auseinander und arbeitet intensiv an einer persönlichen Bildsprache. Er hat sich in diesen Jahren durch eigene Erfahrungen und das Studium des zeitgenössischen (österreichischen) Repertoires sein Rüstzeug erworben.

Die Kulisse von Salzburg war und ist ihm dabei ein lehrreicher Gegen-Stand. Ihre (verfängliche) Schönheit als die eine Seite einer Medaille kann als Symbol für die Doppelbödigkeit der Auseinandersetzung angesehen werden. Den rauhen Reiz der anderen Seite dieser Stadt nicht aus den Augen zu verlieren, stellt für jeden, der diese Stadt malen möchte, eine Herausforderung dar. Wer hier (nur) Schönfärberei betreibt, betrügt letztlich sich selbst und legt sich einseitig fest: er wird auf einem Auge blind.

Wer Bernhard Vogels Arbeiten bis 1988 mit ihrer lieblichen Farbstimmung mit den jetzt entstandenen Bildern vergleicht, dem muß auffallen, daß er sich nicht mit dem reizvollen Schein der Oberfläche seiner Sujets zufrieden gibt. Hier beginnen Fragen aufzubrechen, die er an seine Stadtlandschaften stellt. Er ist auf dem Weg, tiefer liegende Strukturen zu ergründen.

Auf Reisen nach Venedig, nach Amerika und ins Burgenland hat er Beobachtungen gesammelt, die ihm zeigten, daß unverwechselbare Eindrücke eines sensiblen Umgangs mit den Gestaltungsmitteln bedürfen. Seine Ansichten wurden in zunehmendem Maß zu Dialogen mit dem Motiv. Er wurde bereit, diese und sich selbst in Frage zu stellen und persönliche Wertungen einzubringen. Blicke hinter den (nur) schönen Schein bereitwilliger Augenfälligkeit bieten eine Reihe der unmittelbar vor Ort gemalten Eindrücke. Manche sind in ihrer Gestimmtheit einer leisen Melancholie verpflichtet. Was daheim aus der Erinnerung gemalt ist — etwa bei einigen

Amerikabildern — erhebt keinen Anspruch auf vedutenhafte Genauigkeit. Dennoch: die Phantasie sticht die Wirklichkeit nicht aus.

Amerika und Burgenland — zwischen diesen Gegensätzen ist Bernhard Vogel auf dem Weg; nicht nur hinsichtlich der Wahl seiner Motive, auch im übertragenen Sinn. Mondäner Aufputz und spröde Kargheit, effektvolle Fassade und schlichte Essenz, Spekulation und Überzeugung bilden Kontrapunkte. Dort, wo Vogel von einer (Mal-)Situation ergriffen ist, entspinnt sich auf dem Blatt ein Prozeß des Ringens um Konzentration, der den Betrachter zu fesseln vermag. Hier findet er zu einer Unmittelbarkeit gleichsam aus dem Bauch heraus, malt er ohne Kalkül.

In den Bildern aus Amerika werden die Ausblicke auf Skylines und die Einblicke in Straßenschluchten zu Gegenständen der Auseinandersetzung mit Weite und Begrenztheit. Naß in naß angelegte, verfließende Partien korrespondieren mit erratischen Blöcken, harten, klar abgegrenzten Details und Kontrasten. Der Blick schweift in die Ferne und wird von bestimmten und bestimmbaren Einzelheiten geführt. Schmale Himmelsstreifen schaffen Luft; das Licht bricht sich im Dunst und in Architektur(-elementen) (»Lombardstreet, S.F.«). In einer Hafenszene (»Fishermen's Wharf«) umschreiben locker hingesetzte Pinselspuren Fischerboote am Kai und treten in ein Wechselspiel mit den ureigenen Elementen des Aquarells, mit Wasser und Luft.

Venedigs Kulisse mit dem effektvollen Wechselspiel gebauter und natürlicher Elemente fordert von einem ernstzunehmenden Aquarellisten ein behutsames Gespür für das Verhältnis von Einsatz und Gewinn. Enge Kanäle, Licht und Schatten, Reflexionen im Wasser, überraschende Durchblicke liefern einen schier unerschöpflichen Fundus. In Bernhard Vogels Bildern der Lagunenstadt zeichnet sich in einigen Beispielen eine Tendenz zur Konzentration und Beruhigung ab. Sie steht zugleich für eine Entwicklung, die seine neueren Arbeiten prägt. Dabei wird deutlich, daß hier ein Maler heranreift, der über das Ausloten von Möglichkeiten hinaus zu einer individuellen Mitteilungsform findet. »Mercato Rialto« ist ein Beleg dafür. Hier wird eine Betroffenheit spürbar, die durchdrungen ist von einem malerischen Erlebnis. Der Einsatz technischer Möglichkeiten steht im Einklang mit dem persönlichen Drang zur Aussage. Mit Bildern dieser Art stellt Vogel unter Beweis, daß er der Herausforderung durch diese Stadt bereits gewachsen ist.

Salzburg ist mit seinem Liebreiz — nicht bloß auf Postkarten — eine gewaltige Aufgabe für einen Maler, der dem Geheimnis dieses Ortes näher kommen möchte. Gerade von jemandem, der hier ansässig ist, erwartet man, daß er den gängigen Motivvorgaben nicht erliegt, sondern seinen Standpunkt findet und deklariert. Seine Draufsichten vom Kapuzinerberg (»Blick auf die Staatsbrücke«, »Über den Dächern«) und von der Festung (»Vom hohen Weg«) bieten Ausschnitte, die eine geheimnisvolle Stimmung bewahren, wie sie zu bestimmten Zeiten über der Stadt liegt. Der Blick auf die Festung (»Festung Hohensalzburg«) vermittelt etwas von den herben Zügen, die dieser Stadt(berg)landschaft auch innewohnen.

Während Vogel bei den bisher angesprochenen Stadtansichten hinsichtlich der optischen Opulenz aus dem vollen schöpfen konnte, stellen die Burgenlandbilder eine Auseinandersetzung mit gänzlich anders strukturierten Vorgaben dar. Das Ringen um gestaltete Form führt in den Landschaften zu einer impulsiven Dynamik (»Ruster Berg«) und zu einer Umsetzung der durch die Weingartenkulturen vorgegebenen Ordnungen (»Weinstöcke bei Oggau«). Dabei verleihen ihnen naß in naß angelegte Partien einen ungewohnt fließenden Charakter, der zum trocken-erdigen Grundzug dieser Gegend in einer eigenartigen Spannung steht. Wie auch sonst oft bei anderen Blättern ist alles in einen nebeligen Dunst getaucht.

Eines wird aus der gesamten Vielfalt deutlich: Bernhard Vogel hat mit diesen Arbeiten einen Weg beschritten, auf dem er vom Wirkungen erprobenden Spiel zu einer ernstzunehmenden eigenen Sprache vorstößt. Aufgrund seines Einsatzes mit Leib und Seele für das Aquarell und aufgrund seiner jüngsten Entwicklung erscheint es nicht vermessen, an seine weitere Arbeit hohe Erwartungen zu richten.

Salzburg, Juli 1989

Umschlagbild:
RIO DI SAN MAURIZIO
Aquarell, 1988
40 x 30 cm

VENEZIA

1
RIO DI S. MOISÉ
Aquarell, 1988
40 x 30 cm

2
RIO DEI GRECI
Aquarell, 1988
40 x 30 cm

3
RIO DELLA SENSA
Aquarell, 1988
40 x 30 cm

4
RIO DELLA FRESCADA
Aquarell, 1989
40 x 30 cm

5
PALAZZO DUCALE
Aquarell, 1988
30 x 40 cm

6
MERCATO RIALTO
Aquarell, 1989
30 x 40 cm

7
RIVA DEGLI SCHIAVONI
Aquarell, 1988
30 x 40 cm

SALZBURG

8
DOMVIERTEL
Aquarell, 1989
30 x 40 cm

9
ÜBER DEN DÄCHERN
Aquarell, 1989
30 x 40 cm

10
VOM KAPUZINERBERG
Aquarell, 1989
30 x 40 cm

11
VOM HOHEN WEG
Aquarell, 1989
30 x 40 cm

12
BLICK AUF DIE STAATSBRÜCKE
Aquarell, 1989
30 x 40 cm

13
FESTUNG HOHENSALZBURG
Aquarell, 1989
30 x 40 cm

NEW YORK

14
FIRESTEPS
Aquarell, 1988
30 x 40 cm

15
TIMES SQUARE
Aquarell, 1988
30 x 40 cm

16
N.Y. I
Aquarell, 1988
30 x 40 cm

17
N.Y. II
Aquarell, 1988
40 x 30 cm

18
N.Y. III
Aquarell, 1988
30 x 40 cm

19
SUNRISE IN SAN FRANCISCO
Aquarell, 1988
30 x 40 cm

20
LOMBARDSTREET, S.F.
Aquarell, 1988
30 x 40 cm

21
FISHERMEN'S WHARF
Aquarell, 1988
40 x 50 cm

WIEN
BURGENLAND

22
VOLKSGARTEN, WIEN
Aquarell, 1988
30 x 40 cm

23
RUSTER BERG
Aquarell, 1989
30 x 40 cm

24
WEINSTÖCKE BEI OGGAU
Aquarell, 1989
30 x 40 cm

25
KELLERGASSE IN MÖRBISCH
Aquarell, 1989
30 x 40 cm

26
KELLERGASSE IN OSLIP
Aquarell, 1989
40 x 50 cm

27
PURBACH
Aquarell, 1989
30 x 40 cm

VERZEICHNIS DER BILDTAFELN

BERNHARD VOGEL

geboren 1961 in Salzburg
seit 1984 intensive Beschäftigung mit der Malerei
künstlerische Ausbildung bei Irma Rafaela Toledo und auf der intern. Sommerakademie Salzburg bei Anton Lehmden
lebt als freischaffender Künstler in Salzburg
Schwerpunkt der künstlerischen Arbeit: DAS AQUARELL und seit 1988 Radierungen
Mitglied der Berufsvereinigung bildender Künstler Österreichs
1987 1. Preis Kunstwettbewerb »Salzburger Ansichten«
1988 2. Preis Plakatwettbewerb »Kunst in Betrieben«, Landesregierung Salzburg, Kulturabteilung
1989 IBM-Preisträger Kunstkalender 1990
Buchpräsentation Monographie Bernhard Vogel — Aquarelle
Öffentliche Ankäufe: Salzburger Landesregierung, Magistrat der Stadt Salzburg, Salzburger Stadtwerke, Magistrat der Stadt Wels, Magistrat der Stadt Villach

Einzelausstellungen
und Kunstmessen (Auszug):

Rathaus Salzburg, Kulturamt
Galerie Maringer, Krems
Born Fine Art Galerie, Köln
Burg Wels, Stadtmuseum
Galerie an der Stadtmauer, Villach
Galerie Weihergut, Salzburg
IBM, Wien (Kunstkalender 1990)
Galerie Prisma, Wien
Galerie des Beaux Arts, Ratingen
Galerie Maringer, St. Pölten
Galerie Moser, Graz
Frankfurter Buchmesse
Kunst- u. Antiquitätenmesse Linz, Brucknerhaus
Kunst- u. Antiquitätenmesse Wien, Palais Auersperg

Impressum:
© by Bernhard Vogel
für den Inhalt verantwortlich: Siegfried Karrer
Bildauswahl: Wolfgang Richter
Portraitfoto: Gerhard Kastler
Herstellung: Akademische Druck- u. Verlagsanstalt, Graz
im Eigenverlag des Künstlers
ISBN 3-201-01500-8

DRUCK-KUNST FÜR GEGENWARTSKUNST

AKADEMISCHE DRUCK- u. VERLAGSANSTALT
A-8010 GRAZ, NEUFELDWEG 75 • TEL. 0316/41-1-53 DW 35 • FAX DW 24